HISTOIRE DES ÉGAUX,

OU

MOYENS D'ÉTABLIR L'ÉGALITÉ ABSOLUE PARMI LES HOMMES.

Par JEAN-JACQUES PILLOT.

> Pour que l'histoire soit utile, il faut qu'elle dise non seulement ce qui fut fait, mais encore et surtout ce qu'il eût fallu faire...............

TOME 1. N° 1.

PRIX : 5 CENTIMES.

PARIS,
AUX BUREAUX DE LA TRIBUNE DU PEUPLE,
IMPASSE DU PAON, 7.
(Près de l'école de Médecine.)

1840.

HISTOIRE DES ÉGAUX,

OU

MOYENS D'ÉTABLIR L'ÉGALITÉ ABSOLUE PARMI LES HOMMES.

PAR JEAN-JACQUES PILLOT.

> Pour que l'histoire soit utile, il faut qu'elle dise non seulement ce qui fut fait, mais encore et surtout ce qu'il eût fallu faire..............

TOME 1, N° 1.

PARIS,

AUX BUREAUX DE LA TRIBUNE DU PEUPLE,

IMPASSE DU PAON, 7.

(Près de l'école de Médecine.)

—

1840.

DEUX EXPLICATIONS.

I.

J'ai dit, dans l'AVIS AUX LECTEURS *de la Tribune du Peuple*, mis en tête de mon écrit intitulé : *Ni Châteaux ni Chaumières*, la phrase suivante : « Voilà ce qui explique à mes lecteurs pourquoi j'ai été compté au nombre des *assassins* de Mai 1839. »

Après le mot *assassins* venait, dans mon manuscrit, un signe de renvoi à une note ainsi conçue : *Style policier.*

L'imprimeur à qui j'eus affaire pour cet ouvrage, obéissant, je pense, à quelque influence ennemie, et dans le but évident de nuire à la considération de l'écrit, supprima la note, malgré ma recommandation expresse.

Comme je ne savais à qui m'adresser pour faire punir cette petite méchanceté comme elle le méritait, et en obtenir réparation, je m'en consolai facilement, en pensant que le mot *assassins* étant souligné, le lecteur ne manquerait pas de saisir ma pensée. Je crois qu'il en a été ainsi.

Cependant, je profite avec empressement de la première occasion qui se présente, de faire cesser tous les doutes qui auraient pu naître à ce sujet ; car j'aimerais mieux que la police me comptât cent fois au nombre des *assassins* en question, et me fit partager leur sort comme elle l'a fait, que si eux ou tous autres pouvaient douter un seul instant de mes véritables sentimens à leur égard.

II.

Nous allons commencer l'*Histoire des Égaux*.

— En combien de volumes sera-t-elle contenue?

— Je ne veux point répondre à cette question; seulement, je prie le lecteur de conserver avec soin chacun des numéros que je lui adresserai, et je le préviens que le dernier numéro de chaque volume contiendra la table, méthodiquement détaillée, des matières renfermées dans ce volume, et sera accompagné d'une couverture ou *chemise*, destinée à recevoir le volume entier.

— Quel jour paraîtra chaque numéro?

— Le dernier numéro reçu indiquera toujours l'époque à laquelle devra paraître le numéro suivant.

— En combien de temps paraîtra l'ouvrage entier?

— Dans le plus court délai possible.

Voilà les principales conditions du mode de publicité que j'ai adopté pour cet ouvrage. Je supplie instamment tout lecteur, communiste, ou propre à le devenir, de ne point perdre de vue un seul instant les innombrables difficultés que j'aurai à combattre. Qu'il me tienne compte des obstacles sans cesse renaissans qu'enfantent les circonstances au milieu desquelles j'entreprends un semblable travail; qu'il médite avec soin les vérités que je m'efforcerai de formuler le plus clairement possible, sans autre prétention que celle de le persuader; qu'il soit profondément convaincu à l'avance que je ne composerai jamais avec le mensonge, et que je ne reculerai jamais devant les exigences de la vérité, quelque dures qu'elles puissent paraître; que, pénétré de la sublimité des principes d'où découle l'égalité absolue, il les propage avec ardeur, et concoure de toute sa puissance à leur réalisation : voilà la seule récompense que j'attends de lui, en échange de mes efforts, et des mille tortures qu'ils me vaudront sans doute.

HISTOIRE DES ÉGAUX,

OU

MOYENS D'ÉTABLIR L'ÉGALITÉ ABSOLUE PARMI LES HOMMES.

INTRODUCTION.

CHAPITRE PREMIER.

Manifeste aux Égaux modernes.

Depuis le commencement des temps historiques, c'est-à-dire, depuis les temps les plus reculés , dont il nous reste quelques notions sur la manière d'être de l'humanité, nous la voyons constamment se débattre sous le poids d'une série de tortures qui , pour être variées dans leurs formes et dans leurs noms, n'en sont ni moins horribles à voir, ni moins cruelles à endurer.

Tantôt, privée de sentiment et d'intelligence, elle se vautre dans la fange, comme les animaux immondes; se laisse lâchement ravir sa proie, comme la fauve timide ; et se prostitue aux avilissans caprices du vice, ou aux féroces inspirations du crime, comme une matière inerte s'abandonne aux expérimentations de qui veut la travailler.

Tantôt, poussée par la douleur ou par la honte, elle se dresse en délire, arme son bras homicide, déchire ses propres entrailles, et méconnaît les lois de l'équité; elle, qui exécutait naguère, avec une lâche ponctualité, les ordres les plus extravagans et les plus iniques de la tyrannie.

Vaincue enfin par ses propres efforts, elle s'affaisse sous le poids de son ignominie, de son dégoût et de son découragement; elle retombe dans la boue d'où elle était momentanément sortie; elle s'y endort et y croupit, jusqu'à ce qu'une nouvelle crise, qui doit avoir les mêmes résultats que la première, vienne encore lui donner pour un instant quelques signes de vie.

Voilà quelle est la déplorable vicissitude dans laquelle l'humanité s'est débattue depuis des milliers d'années, sans pouvoir trouver une issue vers une position meilleure; voilà les deux aspects invariables sous lesquels elle nous apparaît toujours dans l'histoire.

Quelle est la cause de cette désespérante perpétuité de désordre? Pourquoi toujours cette succession si horriblement régulière de l'orgueil à la bassesse, de la fureur la plus aveugle à la lâcheté la plus avilissante, de l'intempérance à la faim, de la cruauté à la souffrance, du besoin d'exercer la tyrannie à la douleur d'avoir été tyrannisé; enfin, du pire au mal, et du mal au pire?....... Devons-nous en accuser l'imperfection de la nature?...

Dans tous les âges, il se trouva des hommes assez pervers et assez audacieux

pour s'empresser de répondre affirmati-
vement à cette question. Leur funeste as-
surance en imposa à leurs semblables;
cet odieux mensonge prévalut sur les
avertissemens les plus intimes de la con-
science humaine, sur les démonstrations
les plus irréfutables de la science, sur les ordres les plus formels de la raison. Et toutes
les générations passées disparurent suc-
cessivement en jetant, comme une malé-
diction aux générations qui devaient les
suivre, ce cri de douleur et de désespoir ;
Nous avons envain cherché le bonheur ;
l'égalité, qui seule le donne, n'a jamais
pu s'établir parmi nous ; toujours à nos
maîtres abhorrés, ont succédé des maîtres plus exécrables encore ; nous avons
usé notre existence à combattre l'infâme
inégalité ; nos derniers regards la retrou-
vent encore debout !... Donc, malheur !...
malheur à vous !!!...

Une génération devait répondre tôt ou
tard à ce défi, porté par l'ignorance rou-

tinière, et par l'aveugle désespoir de l'individualisme à la science, et aux ins-
tincts les plus intimes du cœur de l'homme..... Elle vient de se lever, géante au
berceau, et décidée, non seulement à
imposer un temps d'arrêt au torrent d'i-
niquités qui menace d'engloutir le genre
humain, mais encore certaine qu'elle en
aura en peu de temps desséché la source,
et fait disparaître jusqu'aux moindres traces. Elle a comparé ses forces à sa tâche, et
elle a répondu à son tour : « L'avenir est
à l'équité ; malheur aux monstres dont
les besoins et les goûts ne seront point
satisfaits par la condition commune à
l'espèce !!! » Et l'œuvre est commencée.

Il faut le dire tout d'abord, crainte de
récrimination, et pour éviter tout jeu de
surprise : il ne s'agit de rien moins que
de changer totalement la surface du
globe ; et, ce qui paraît beaucoup plus
surprenant encore, de substituer instan-
tanément à la vie de ses habitans, une

vie toute nouvelle, et dont ils ne peuvent retrouver aucun exemple dans le passé ; de les amener à oublier tout ce qui a été jusqu'à présent l'objet des plus constans efforts de leur mémoire ; à mépriser ce qu'ils ont le plus estimé ; à rougir des usages dont ils ont été le plus orgueilleux ; à traîner dans la boue ce qu'ils ont adoré ; en un mot, à ressentir une aversion sans remède pour ce qu'ils ont recherché avec le plus d'ardeur, et à rechercher irrésistiblement ce qu'ils ont jusqu'alors ou ignoré, ou dédaigné, ou détesté.

Voilà l'œuvre la plus gigantesque, la plus imprévue, et cependant la plus rationnelle et la plus nécessaire à la conservation de l'espèce, que l'esprit humain ait conçue depuis des milliers d'années :

Communistes, à nous a été réservé l'accomplissement de cette œuvre immense. Ne nous laissons détourner de notre but, ni par le plat et équivoque

jargon des hautes sommités politiques à
courte vue, qui, pensant beaucoup plus
par le ventre que par la tête, n'envisa-
gent, pour terme de leurs efforts révolu-
tionnaires, que la possibilité de repaître
leur insolence et leur cupidité des dé-
pouilles des jouisseurs *titulaires*; ni par
la lâche et sotte inertie des égoïstes sans
pain, qui, préférant l'avilissante mendi-
cité à l'active et glorieuse jouissance de
leurs droits sociaux, ont résolu de ne
s'enquérir jamais ni quels sont leurs
maîtres, ni s'il y a possibilité pour eux
de se passer de maîtres.

Hier encore ils étaient dans nos rangs
les uns et les autres, et combattaient
avec nous l'infâme privilége. Aujour-
d'hui ils sont nos ennemis et plus achar-
nés et plus impudens que les privilégiés
eux-mêmes.

Ne nous attristons pas de cette lâche
défection; elle augmente les rangs de
nos adversaires sans les fortifier; elle di-

minue momentanément les nôtres sans les affaiblir. Les plus clairvoyans d'entre nous l'avaient prévue depuis long-temps; et, s'ils n'ont pas cherché à la faire éclater plus tôt, ce n'est pas parce qu'ils la craignaient, mais c'est uniquement parce qu'ils savaient qu'elle s'opèrerait d'elle-même par la force des choses, et qu'ils étaient bien aises qu'elle conservât tout l'odieux de sa spontanéïté. Les traîtres et les lâches sont un bagage dangereux, dont on ne peut se défaire plus avantageusement qu'en en gratifiant ses ennemis.

Notre position n'est plus équivoque maintenant; nous savons qui combattre, qui mépriser, qui plaindre. Tant mieux ! Nos batteries seront mieux dirigées et nos coups plus certains.

L'humanité a été si lâchement et si traîtreusement dupée par tous ceux qui, jusqu'à présent, ont brigué tour à tour sa confiance, que, malgré l'excellence

de nos principes, et la pureté de nos in-
tentions, nous eussions eu beaucoup de
peine à la convaincre, si les fourbes de
toutes les nuances n'étaient venus en aide
à nos protestations. Dans le paroxisme
de leur rage, un esprit de vertige a trou-
blé leur raison, et ils sont venus d'eux-
mêmes témoigner hautement qu'il n'y a
rien de commun entre eux et nous. Ils
nous ont épargné ainsi bien des efforts,
car nous n'ignorions pas que c'était la
première vérité qu'il nous fallait établir
pour mériter la confiance publique. Rien
ne prouve mieux que nous avons réelle-
ment compris l'égalité, et deviné les
conditions qui doivent la rendre absolue
et indestructible, que la fureur qu'ils ont
fait éclater à notre approche.

Les misérables jongleurs qui ont eu
depuis long-temps le privilége exclusif
de la proclamer, et qui n'ont pas su
nous dire encore en quoi elle consiste, ni
quelles sont les garanties dont ils pré-

tendent l'entourer, avaient conçu l'espoir de régner un jour en son nom , comme les tyrans d'autrefois régnaient au nom de l'inégalité. Tel est le secret qu'ils s'efforçaient de cacher sous l'ambiguïté de leur langage, sous le vague de leurs doctrines, sous la hardiesse de leurs fanfaronneries.

Persuadés que ce luxe de verbiage , que cet amas confus d'abstractions indéfinies, et par conséquent mal comprises , en imposerait à tous, et suffirait pour les faire considérer comme des hommes d'une nature supérieure et seuls capables de gouverner l'avenir, ils se sont posés en souverains légitimes , ne se préoccupant que des moyens de créer les circonstances propres à les faire entrer en possession de leur conquête.

Ils ne supposaient pas même que quelqu'un pût avoir la pensée de leur demander, avant de consentir à leur investiture, quelle forme ils prétendaient donner à leur administration, ni quelles garanties ils avaient à offrir de son excellence ; tant le poison de l'orgueil avait exercé de ravages sur leur entendement.

Or, il est arrivé que nous, qui n'avons nul égard aux calculs ni aux spéculations de l'individualisme, et qui ne nous inspirons que de la science des causes dans l'appréciation des effets, nous avons voulu nous rendre compte des modifications que leur triomphe probable devait apporter à l'existence de l'humanité. Nous avons jeté dans le creuset de la logique tout ce parlage confus qui constitue le langage politique de leur parti, et nous avons trouvé pour résultat de notre expérimentation : *Mensonge, ruse, fourberie, cruauté, ignorance, contradiction;* et toujours, pour but de ces élucubrations d'esprits gâtés par un vice héréditaire dans tous les partis : *Oubli des besoins essentiels de tous, et sacrifice des choses nécessaires à leur satisfaction, en*

*faveur des appétits factices, c'est à dire,
maladifs et extravagans de quelques-uns.*

Un seul mot, *égalité*, sorti de notre
bouche avec un accent comme on
n'avait point coutume de l'entendre
avant nous, avec l'accent d'une vérité
bien comprise, a suffi pour faire crouler
tous ces échafaudages dressés à si grands
frais d'intrigues et d'artifice; et les privilégiés par *droit d'intelligence*, ont roulé
dans la boue, confondus avec les privilégiés par *droit de naissance*, et, comme
eux, convaincus à jamais d'absurde.

Voilà le grand crime qui nous a fait
signaler à l'opinion publique comme des
brigands dont elle doit redouter la présence et la volonté; voilà le secret de
toutes ces haines envenimées qui vien-
nent d'éclater de toutes parts, et qui
vomissent contre nous le sarcasme et
l'injure.

Communistes, ne nous affectons point
de ces huées indécentes. Les prostituées

et les débauchés ne poursuivent-ils pas ainsi de leur langage impudent les gens de bien dont la vertu fait ressortir toute la laideur de leur ignominie? Tels apparaîtront avant peu à l'humanité tout entière les outrages qu'on nous prodigue maintenant avec impunité. On ne peut réfuter nos principes, les classes victimes du privilége sont déjà trop éclairées, pour qu'on ose les attaquer ouvertement en leur présence; voilà pourquoi on cherche à les discréditer, en salissant ceux qui les professent. Les injures ne sont pas des argumens : formons donc la résolution bien arrêtée de ne répondre à celles qu'on nous adressera, n'importe d'où elles partent, que par un surcroît de zèle à répandre nos principes. C'est le plus sûr moyen d'assurer notre vengeance, et de convaincre d'imposture ceux qui veulent persuader à l'humanité qu'ils ne sont pas faits pour elle.

Il n'est, dans la société actuelle, quelque corrompue qu'elle soit, aucune caste, aucune coterie, aucun vice, aucun privilége dont les prétentions puissent résister à l'évidence de nos démonstrations, sans faire preuve de la plus étrange folie, ou de la plus insigne mauvaise foi, puisque nous assurons à tous les mêmes droits qu'à nous-mêmes; puisque, par le fait seul de l'application de notre système d'organisation sociale, nous sommes réduits à la condition *commune*.

Rien de moins, rien de plus pour nous que pour tous les autres!..... Voilà notre devise; voilà l'étendard à l'ombre duquel viendront se ranger, à nos côtés, aussitôt qu'ils nous connaîtront, tous les hommes qui ne sont point aveuglés par les ignobles inspirations de l'orgueil, tous ceux qui ne sont point entièrement dégradés par les avilissantes habitudes de la bassesse.

Qu'avons-nous donc à redouter de la société? Quiconque voudra employer contre nous le langage dont tous les partis se sont tour à tour, et à juste titre, salis et dénigrés les uns les autres, ne sera-t-il pas confondu dès le premier mot, par l'exposé même de nos principes?

Les rois nous accuseront-ils de vouloir usurper leurs trônes?

Les Égaux ne reconnaissent point de maîtres ; toute domination leur est odieuse..... Donc nous ne voulons point être rois.

Les courtisans nous accuseront-ils de vouloir les supplanter, et nous revêtir de leur ignoble livrée?

Les Égaux préfèrent la mort à la bassesse; le respect dû à leur dignité d'hommes est le plus précieux des biens qu'ils ambitionnent ; ils ne sauraient ni mentir, ni ramper devant leur semblable..... Donc nous ne voulons pas devenir courtisans.

Les prêtres nous accuseront-ils de vouloir briser leurs idoles pour leur en substituer de notre façon ?

La science seule nous prête son autorité, et la science anéantit tous les mythes. Elle ne reconnaît d'autre sanction à la loi humanitaire que les propriétés essentielles de la matière..... Donc nous ne voulons point être prêtres.

Les riches nous accuseront-ils de vouloir les dépouiller de leurs richesses, pour nous en emparer et en user à leur exemple ?

Sous le régime égalitaire, tous jouissent de tout ; nul ne possède ni n'abuse..... Donc nous ne voulons pas remplacer les riches.

Les travailleurs nous accuseront-ils de vouloir vivre à leurs dépens et les exploiter à notre tour ?

La loi que nous proclamons n'accorde la vie qu'à celui qui la mérite par son travail, ou qui a le malheur d'être dispensé du travail pour ses infirmités.....

Donc nous n'aspirons pas à l'oisiveté; donc nous voulons être aussi travailleurs.

Les malheureux qui souffrent la faim, le froid, et toutes les autres tortures que leur inflige l'infâme inégalité, craindront-ils que nous ne les laissions dans leur misère, par oubli ou par dédain ?

Dès que luira le grand jour de l'Égalité, ils seront logés et vêtus comme nous; ils s'assiéront à notre table, qui sera la leur : ils seront chauffés à notre foyer, qui sera leur foyer..... Donc nous ne voulons pas plus de mendians que nous ne voulons de riches.

Les premiers actes du pouvoir organisateur qui naîtra de la grande révolution que nous méditons, le mettront dans l'absolue impossibilité de mentir à son origine, et de se détourner du but pour lequel il aura été créé; ils prouveront à l'humanité qu'elle n'aura plus à craindre désormais aucun des malheurs dont le passé offre un si effrayant spectacle; car ils auront pour résultat immédiat de rendre à jamais impossible le retour de l'inégalité, sous quelques couleurs, sous quelques formes qu'elle puisse se présenter.

Nous sommes forts, et plus forts que tous ceux qui, avant nous, tentèrent ou consommèrent des révolutions, parce que nous savons que nul ne peut réfuter nos principes, que tout homme juste en souhaite instinctivement le triomphe; que tout homme qui jouit de ses facultés intellectuelles reconnaît, après les avoir étudiés et compris, que l'application en est facile. Nous sommes forts, parce que nous savons que tous ceux qui les combattent avec le plus d'archarnement, depuis le travailleur le plus pauvre jusqu'à l'oisif le plus opulent, depuis le débauché le plus corrompu jusqu'au citoyen le plus pur, depuis le criminel le plus endurci jusqu'au plus vertueux des hommes, tous s'empresseraient de joindre leur voix à la nôtre, et leurs efforts à nos efforts, s'ils pouvaient comprendre un seul instant les charmes de la vie que nous leur annonçons ; si le poison qui leur ronge le cœur, ou le bandeau qui leur couvre les yeux, cessait pour un instant d'étouffer leur sensibilité, ou de paralyser leur entendement.

Que nous reste-t-il donc à faire, à nous qui sommes pénétrés de ces vérités ; à nous qui savons que nul ne peut nous combattre, sans être tôt ou tard méprisé ou détesté par l'humanité ?

Il nous reste à formuler nos principes; à démontrer les moyens de les mettre en pratique, et à les proclamer sans retard et sans cesse. N'oublions pas que notre pensée eût été réalisable et réalisée, il y a deux mille ans, ou dans tout autre temps, absolument comme elle l'est et peut l'être aujourd'hui même. Les esprits étant engagés dans de fausses voies, il a fallu, pour les ramener dans la véritable, un grand nombre d'accidens qui ne se sont succédé qu'à de longs intervalles; voilà pourquoi elle a été conçue si tard; voilà pourquoi elle n'est encore qu'à l'état de théorie. Une seule chose peut maintenant, non la tuer, car elle est impérissable depuis le premier instant qu'elle a pu être mise au jour, mais en ajourner la réalisation à un terme très éloigné; cette chose n'est que le silence de notre part, absolument rien que le silence.

Nos ennemis sont tellement convaincus de cette vérité, que la plupart d'entre eux, voyant qu'en effet c'est la dernière planche de salut qui leur reste, ont adopté, pour tactique, de faire semblant de comprendre, d'aimer nos principes, et d'en souhaiter la réalisation autant et plus que nous-mêmes, sauf à crier bien haut que le temps opportun pour les proclamer n'est point encore venu, et que l'on ne doit penser à leur application que pour un avenir lointain. C'est notre voix qu'ils craignent! c'est le silence qu'ils veulent obtenir de nous par la persuasion!

En vérité, le piége est trop grossier, et les escobards qui l'ont tendu sont par trop novices, pour que je soupçonne un seul communiste capable de s'y laisser prendre. Cependant, je ne puis résister au besoin que j'éprouve de signaler, avant de terminer ce chapitre, deux ou trois des principaux points qui révèlent dans les auteurs, ou une profonde aptitude à la fourberie, ou une stupidité peu commune; ou peut-être même les deux ensemble, car elles ne sont point incompatibles, comme beaucoup pourraient l'imaginer.

Il est bon de constater dès l'abord, que les grands socialistes qui raisonnent de la sorte, sont les mêmes qui, à toute

heure, à toute minute, à tout propos, pro-
clament avec emphase les hautes capa-
cités, la profonde sagesse, et l'étonnante
moralité de ce qu'ils appellent le peuple.

Or, savez-vous quelles sont les principales raisons qu'ils produisent pour
prouver la nécessité d'ajourner indéfini-
ment la réalisation de nos idées? les voici :

— Quoique cette organisation sociale
soit, en réalité, disent-ils, la seule juste et
la seule rationnelle, il ne serait pas possible maintenant de la faire adopter par le
peuple, qui n'en comprend pas, et n'en
comprendra peut-être jamais les perfec-
tions.

—Ainsi ce peuple, dont ils vantent
quotidiennement la sagacité en termes si
pompeux, est trop stupide pour préférer
un système qui lui assure la jouissance de
tous ses droits et la satisfaction de tous ses
besoins, à tout autre système sous lequel
il ne peut prétendre à la jouissance des

choses indispensables à son existence, qu'autant que ceux qui regorgent de superflu voudront bien le lui permettre. N'est-ce pas qu'ils sont sincères dans les éloges importuns dont ils l'étourdissent au sujet de sa sagacité ?

— Si tout le monde, ajoutent-ils, avait également le droit et la possibilité de manger, nul ne voudrait travailler. Par conséquent, il est de la dernière nécessité qu'il y ait des gens qui possèdent tout, et d'autres rien ou presque rien, pour que le travail soit fait !

— Voilà pour l'*étonnante moralité,* pour les *grands sentimens* d'équité qui distinguent le peuple !

— S'il n'y avait pas des gens, vous disent-ils encore d'un ton doctoral, s'il n'y avait des gens qui possédassent des habitations plus brillantes que celles du peuple, et des vêtemens plus précieux que les siens; qui se nourrissent de mets plus délicats que ceux qu'il peut se procurer, il ne respecterait personne, refuserait de s'acquitter de ses devoirs les plus justes, et ne voudrait vivre que dans un désordre affreux. Donc le peuple n'est pas digne de l'égalité.

— Voilà la récompense promise à sa sagesse tant vantée !

Qu'ils sont logiciens, ces grands publicistes ! et quels amis du peuple que ces logiciens-là !.....

L'*Histoire des Égaux* répondra, je l'espère, d'une manière victorieuse, à toutes ces ergoteries incohérentes, dictées par un sot orgueil, par une basse vanité, et par les préjugés aveugles qu'enfante nécessairement dans les esprits peu élevés, l'habitude de l'irréflexion. Le but de cet écrit est de démontrer par l'expérience des faits :

1°. Qu'il y a un principe général duquel découlent les véritables conditions de l'existence de l'humanité;

2°. Que toute société ou agglomération

d'hommes vivant en dehors de ce principe, ou contrairement à ses conséquences, est un assemblage confus de parties inalliables, qui se combattent incessamment les unes les autres; et se rendent réciproquement l'existence pénible, douloureuse, impossible ;

3°. Que ce principe est la science, c'est-à-dire la connaissance des propriétés essentielles de la matière, et l'appréciation des effets dont elles sont les seules causes efficientes ;

4°. Que l'égalité sociale *absolue*, est le seul vœu de la science ;

5°. Que sans communauté, il n'y a point égalité, et partant point de société possible;

6°. Que l'égalité absolue qui paraît impraticable quand elle est considérée d'un point de vue diamétralement opposé à son aspect véritable, sera le seul mode d'existence possible à l'humanité, dès que la science, dégagée des entraves qui l'étreignent et l'étouffent, pourra produire au grand jour les vérités démontrées par l'essence des choses.

Il résultera donc, de l'ensemble de l'ouvrage, la connaissance parfaite de la loi égalitaire ou *communauté*; des moyens à employer pour faire passer un peuple du régime pernicieux de l'inégalité, à l'état de bonheur véritable que prouve l'égalité absolue; et des conditions à remplir pour le préserver de toute réaction ou décadence.

J'écris ce livre pour tout homme dont le cœur n'est point devenu totalement insensible dans le bourbier infect des jouissances et des douleurs de l'individualisme qu'enfante l'inégalité; dont la raison ne s'est point totalement éteinte au souffle impur de l'ignorance et des préjugés, ignobles instrumens de la domination, infâmes moyens à l'aide desquels seuls l'homme a pu devenir le maître et l'exploiteur de l'homme. S'il lui reste quelque sentiment de sa propre dignité, quelque notion du vrai et du faux, de l'injustice et de l'équité, je ne désespère pas de trouver le chemin de son cœur, et de faire une certaine impression sur son intelligence, quelle que soit d'ailleurs la position personnelle que lui ait faite le désordre social actuel.

Mais je travaille surtout pour vous, hommes de raison et de conviction ; pour vous, communistes sincères, éclairés et courageux, qui avez accueilli avec transport les sublimes principes de l'égalité. Peu nombreux, isolés, dans le commencement, chacun de vous se croyant, pour ainsi dire, seul, vous avez osé enseigner, attaquer et combattre corps à corps une société innombrable, abrutie et corrompue. Vous avez ri de son mépris, vous avez méprisé ses sarcasmes, vous avez bravé sa fureur. Et cependant, vous saviez qu'elle pouvait vous flétrir, vous ruiner, vous torturer, et plus encore : vous tuer !.....

Mais la conviction, c'est-à-dire, l'amour pour un principe bien compris, est seule la mère du vrai courage. Le souvenir des communistes restera à la postérité comme une preuve éclatante de cette vérité ; et la société actuelle confirmera son témoignage. Elle a tremblé à votre approche ; elle a déjà confessé les rudes atteintes que vous avez portées à son autorité. Cependant, elle est debout... elle pourrait résister long-temps encore à vos efforts isolés, à votre inexpérience dans l'attaque, à votre embarras dans l'hypothèse du succès.

Je viens vous faire entendre un cri de ralliement ; je viens vous apporter des argumens pour convaincre, des armes pour combattre, et des conseils pour profiter de la victoire.

Je veux qu'à l'avenir il soit reconnu à la face de l'univers, que si vous êtes accourus avec tant d'ardeur vous ranger sous l'étendard de l'égalité *absolue*, ce

n'est point parce que vos droits doivent y
être respectés, mais parce que les droits
de tous y seront respectés, comme les vô-
tres ; ce n'est point parce que vous y tra-
vaillerez moins, mais parceque personne
n'y travaillera plus que vous ; ce n'est
point parce que vous n'y aurez plus ni
maîtres ni exploiteurs, mais parce que
nul n'y sera plus esclave ni plus exploité
que vous ; ce n'est point parce que vous
n'aurez plus à craindre ni l'avilissement
ni la misère, mais parceque la dignité de
tous y sera respectée comme la vôtre,
parce que tous y seront heureux comme
vous !

Je veux que toutes les fois que chacun
de vous enseignera la communauté, il
soit à même de répondre sans retard et
sans hésitation à toutes les objections,
non absurdes, qui pourront lui être pré-
sentées, soit sur les moyens, soit sur la
fin.

Communistes, qu'il y ait parmi nous

confiance et amitié à toute épreuve ; dans nos cœurs, haine irréconciliable contre la tyrannie, personnification de l'odieuse inégalité ; dans nos enseignemens, unité ; dans nos efforts, ensemble ; dans nos espérances, conformité absolue ; et nous aurons bientôt franchi l'espace qui nous sépare de l'avenir de bonheur que nous attendons avec une si grande et si juste impatience !

Je viens de vous dévoiler mon cœur ; je viens de vous dire sans orgueil, comme sans fausse modestie, tout ce que j'espère faire, avec vous, pour notre belle cause. Si mes espérances ne sont pas trompées, chacun de vous aura droit à une part égale à la mienne dans le succès ; car vos inspirations y auront puissamment contribué. Si, au contraire, je fais moins ou moins bien que je n'espère, ce sera la puissance qui me manquera ; mais le courage, mais la conviction, jamais !

CHAPITRE II.

Exposition.

Je vais écrire l'histoire d'un peuple qui existait, durant l'espace de cinq mille ans, sans connaître ni *dieu* ni *diable*, ni *paradis* ni *enfer*, ni *rois* ni *castes*, ni *grands* ni *petits*, ni *riches* ni *pauvres*, ni *bourreaux* ni *criminels*; d'un peuple, enfin, qui prouva par l'expérience que l'homme est né pour être heureux dans cette vie, et que, s'il en a inventé une autre qui commence aux portes du trépas, c'est uniquement parce qu'il lui a paru plus

commode d'avoir une excuse aux folies, aux extravagances, aux contradic-
tions dont il se rend sans cesse coupable,
que d'en chercher la véritable cause, et
de s'en corriger.

Ce peuple qui avait subi autrefois toutes les phases de la tyrannie, toutes les
transformations de l'esclavage, toutes les
turpitudes du fanatisme, en était à peine
à la troisième génération, depuis qu'une
révolution *définitive* l'avait enfin placé sous
le régime égalitaire que, sur soixante et
quelques millions d'individus dont il se
composait, on n'eût point trouvé quatre
hommes qui eussent pu croire à la possibilité d'un roi, d'un prêtre, d'un riche ou
d'un mendiant, si on leur eût tracé le
portrait fidèle de chacune de ces classifi-
cations,

Que de chocs, que de combats, que de
tentatives infructueuses, que d'essais pé-
rilleux ne lui fallut-il pas essuyer ; que
de sueurs, que de larmes, que de sang ne

versa-t-il pas, avant de parvenir à trouver une organisation qui donnât satisfaction aux besoins de tous, et réprimât les mauvais penchans de chacun!

Retracer cette longue suite de luttes terribles de la vérité contre le mensonge, de l'équité contre l'injustice, du droit contre l'usurpation, de l'égalité contre l'égoïsme, de la liberté contre la tyrannie; démasquer les ignobles moyens à l'aide desquels un petit nombre d'hommes parvinrent, dans tous les temps, à réduire le reste de l'humanité à la condition de la bête de somme; dépeindre le bonheur réservé à tout peuple qui sait comprendre la dignité de l'homme, c'est-à-dire, la juste limite de ses droits et de ses devoirs; développer les principes éternels et invariables sur lesquels doit être basée la condition de l'espèce humaine; prouver, par l'autorité de l'expérience, la facilité de leur application : tel est le but que je me propose en écri- *l'Histoire des Egaux.*

Mon lecteur sera surpris plus d'une fois, sans doute, de ma façon de penser et de dire. Prévoyant son embarras, je crois devoir lui faire, avant de passer outre, une confidence qui aura pour résultat de nous mettre à notre aise vis à vis l'un de l'autre, et d'émousser les dents de la critique, dont je ne craindrai, après cette précaution prise, ni les morsures, ni le venin.

Je déclare donc hautement que je n'ai jamais eu aucune prétention littéraire. Je veux que l'on dise de moi, si l'on s'en occupe un jour : « Il connut la vérité; il l'aima par-dessus tout, il lui sacrifia ses goûts, ses affections, ses espérances de fortune, de bien-être, de gloire, d'honneur, sa vie; en un mot, tout ce que les hommes regardent comme ce qu'il y a de plus précieux et de plus cher. Il brava, pour elle, la fureur toute-puissante des tyrans, la sombre et farouche rancune des prêtres, les vengeances des exploileurs, et les huées des imbécilles.» Mais, que l'on dise ou non : «Il fut un écrivain élégant et fécond, il eut le talent de plaire à ses contemporains et de les amuser ; il doit être mis au niveau, au-dessus ou au-dessous de tel ou de tel immortel qui passa sa vie à flatter les rois ou leurs valets, à caresser les riches, à chanter les prostituées, à prêcher le mensonge et à poétiser le vice; » c'est ce dont je ne me soucie nullement.

Cela posé, j'aborde mon sujet sans autre crainte que celle de ne pouvoir parler assez clairement pour être bien compris par tous ceux qui ont intérêt à ce que les principes développés dans ce livre, soient mis en pratique le plus tôt possible.

CHAPITRE III.

Plan de l'Histoire des Égaux.

L'histoire d'un peuple n'est ordinairement qu'une longue liste des heureux brigands qui le maîtrisèrent; qu'un tissu dégoûtant de leurs intrigues, de leurs folies, de leurs débauches et de leurs crimes. On les suit dans les moindres détails de leur vie; on s'extasie sur leurs actions les plus indifférentes; on fait de longs commentaires sur leurs discours les plus insignifians, et qui, pour la plupart, n'auraient été, dans la bouche d'un prolétaire, que de plates balourdises. Leur extravagance fut de la magnificence, leur sot orgueil de la majesté, leur esprit de débauche de la galanterie, leur gaspillage de la libéralité, leur vengeance de la fermeté, leurs orgies même ne furent qu'une haute protection accordée au commerce. Toutes les turpitudes dont ils se couvrirent sont excusées, comme étant les conséquences nécessaires de leur condition, quand elles ne sont pas prônées comme autant de sources de gloire ou de prospérité pour les nations. Quant au peuple dont on prétend écrire l'histoire, il n'est jamais question de lui.

On ne nous apprend ni les limites précises des lieux qu'il habitait, ni l'époque certaine de son origine, ni les causes de sa prospérité ou de sa décadence, ni ses usages, ni ses lois, ni les efforts que la liberté a faits pour obtenir chacune de ses conquêtes, ni les obstacles multipliés et variés à l'infini que la tyrannie lui a sans cesse opposés.

Les écrivains, en un mot, ont travaillé de telle sorte, qu'en nous traçant l'histoire d'un peuple libre, ils ne nous ont appris ni à conquérir, ni à conserver la liberté; de même qu'en nous traçant l'histoire d'un peuple esclave, ils ne nous ont appris ni à vaincre, ni à détruire la race impure des tyrans. J'espère donc que l'on me saura gré de n'avoir pas suivi la méthode ordinaire, et que l'on n'attribuera pas le soin que je prends de ne marcher sur les traces de personne, à un vain désir de me singulariser.

Je suis intimement convaincu que le degré de justesse avec lequel nous apprécions l'importance des faits que nous révèle l'histoire d'un peuple éteint, et par conséquent le fruit que nous devons retirer de cette étude, dépendent absolument de l'intérêt que nous ressentons pour lui, c'est-à-dire, de l'idée première que nous nous en sommes faite, avant d'entrer dans les détails du récit ; ainsi que du but que nous nous sommes proposé, avant de nous livrer à ce travail.

Comment un savant, qui entreprendrait un voyage scientifique, remplirait-il le but que l'on s'est proposé, en lui confiant cette mission, si l'on ne lui en faisait connaître l'objet qu'à son retour? Il est probable que ses observations porteraient toutes à faux, et ne tendraient nullement à la solution du problème à résoudre.

Pénétré de cette vérité, je m'efforcerai de faire entrer le lecteur en pleine connaissance avec les Égaux, avant de commencer le récit de leur histoire.

Voici, en conséquence, la méthode que j'ai cru devoir adopter comme la plus claire, comme la plus propre à exciter l'intérêt, et, en même temps, comme la plus rationnelle.

L'Histoire des Égaux sera distribuée en cinq grandes divisions :

INTRODUCTION ;

PÉRIODE D'ESCLAVAGE ;

PÉRIODE RÉVOLUTIONNAIRE ;

PÉRIODE NORMALE OU D'ÉGALITÉ ;

PÉRIODE DE DÉCADENCE.

L'introduction comprendra , indépendamment *du manifeste*, de *l'exposition* et *du plan* :

1° La *Chorographie* du pays des Égaux, c'est-à-dire, la description du territoire qu'ils occupaient pendant la période d'égalité ; 2° une dissertation sur la variabilité du climat, selon la différence des saisons et des lieux, ainsi que sur la diversité des productions territoriales ; 3° une suite d'observations philosophiques sur le caractè o propre et distinctif des habitans ; 4° le plan général de l'or-

anisation sociale qui fut définitivement
doptée par ce peuple, lorsqu'il se
ouva enfin placé sous le régime égali-
aire; 5° et un chapitre intitulé : *Expli-
ation des invraisemblances*, tendant à
rémunir le lecteur contre l'influence des
réjugés sous l'empire desquels l'a mis
ne éducation basée sur l'absurde, et
ont l'effet est de lui faire voir comme
mpossible tout ce qui n'est pas conforme
 sa manière actuelle de penser et d'agir,
t de lui faire combattre avec acharne-
ment toute modification apportée à son
xistence, à moins qu'elle ne lui soit im-
osée par une autorité à laquelle il est
onvenu d'avance d'obéir sans examen ,
t par conséquent sans raison.

Je n'insiste pas sur l'excellence de la
méthode que j'ai adoptée : l'homme ré-
fléchi l'appréciera indubitablement; et
l'homme moins exercé aux travaux de
l'esprit, ne tardera pas lui-même à en
comprendre toute la portée, au goût

qu'elle lui donnera pour l'étude, et à la facilité qu'elle lui procurera dans ce genre d'exercice.

CHAPITRE IV.

Chorographie du pays des Égaux.

Le territoire occupé par les Égaux, fut le même que celui qui est connu actuellement sous le nom de France. Les limites en étaient cependant plus étendues que ne le sont aujourd'hui celles de notre pays.

Il était borné, au nord, par la mer du Nord et par le Rhin; au levant, par le Rhin et par les Alpes; au midi, par la Méditerranée et par les Pyrénées; au couchant, par l'Océan Atlantique et par la mer de la Manche.

Cette vaste et belle partie de l'Europe prit le nom de Félicie, le jour où les peuples qui l'habitaient se trouvèrent, par un dernier et sublime effort de la raison et de l'équité, délivrés de toute domination, et de toute crainte de voir, par la suite, de nouveaux maîtres surgir du milieu d'eux. Ce mot signifiait, dans leur langage : terre de bonheur, ou pays des heureux.

Comme ils étaient profondément convaincus qu'ils ne devaient leur bonheur qu'à la parfaite égalité qu'ils venaient enfin d'établir parmi eux, et qu'ils ne pouvaient avoir l'espérance de le conserver qu'autant que cette égalité serait maintenue dans toute sa rigueur, ils voulurent qu'on ne les appelât, à l'avenir, que *les Égaux*; afin que ce nom, commun à tous, comme toutes choses l'étaient entre eux, rappelât incessamment à chacun, et l'importance de ses droits et la nécessité de ses devoirs.

Le territoire de la Félicie offrait une étendue de superficie d'environ dix-neuf mille myriamètres carrés (1). Sa plus grande longueur se prolongeait depuis le quarante-deuxième degré vingt minutes, jusqu'au vingt-cinquième et quelques minutes de latitude Nord ; cent vingt-six myriamètres environ. Sa plus grande largeur se développait depuis le sixième degré trois minutes de longitude Est, jusqu'au septième degré sept minutes de longitude Ouest, quatre-vingt-dix-huit myriamètres. La longueur, prise des Pyrénées à l'embouchure du Rhin, et la largeur, depuis les sources du Rhin, jusqu'à l'extrémité Ouest du continent, en face des îles appelées aujourd'hui îles d'Ouessant.

La Félicie semblait avoir été désignée, par la nature elle-même, de préférence à tout autre pays du monde,

(1) Le myriamètre vaut, à peu près, deux lieues communes de France.

comme devant être l'asile de la vérité, et le berceau de l'égalité.

En effet, quoique entourés de nations dominées par la religion et par la royauté, c'est-à-dire, enchaînées par la fourberie, et maîtrisées par l'iniquité, les Égaux purent déclarer, à la face de l'univers, que *le joug de la religion n'est fait que pour les sots,* et celui de la royauté que *pour les lâches ;* sans avoir à redouter les effets de la haine que le fanatisme et la tyrannie ne devaient point manquer de souffler au cœur de ces peuples aveuglés. Ils purent faire une guerre ouverte à tous ces êtres parasites, insolens et cruels dont l'habitude de vivre aux dépens de leurs frères, et de s'en servir comme de vils jouets et d'instrumens de débauche, avaient vicié l'esprit et corrompu le cœur ; ils purent anéantir les uns et chasser les autres au-delà des limites de leur territoire, sans craindre que, pour les venger, leurs pareils ne vinssent, à la tête de leurs esclaves, salir le sol de la liberté.

Ils devaient cette sécurité, non seulement à la certitude où ils étaient que des esclaves ne seraient jamais capables de se mesurer à des hommes libres, non seulement aux ressources innombrables que leur procurait la fécondité inépuisable de leur pays, mais encore et surtout, au soin qu'ils avaient eu de s'emparer, dès les premiers instans de leur indépendance, des limites naturelles de leur pays. La suite de cette histoire fera ressortir toute l'importance de cette grande mesure.

Les côtes maritimes de la Félicie, tant sur la Méditerranée que sur l'Océan Atlantique, sur la Manche et sur la mer du Nord, offraient une étendue de plus de trois cents myriamètres. Le Rhin fournissait un parcours de cent cinquante myriamètres, et les Alpes avec les Pyrénées occupaient un espace de cent myriamètres.

L'ensemble du circuit de ce grand territoire, était donc d'environ cinq cent
cinquante myriamètres, ou de onze cents
de nos lieues communes.

Les Égaux, étant rentrés en possession
des limites naturelles de leur territoire,
se trouvaient ainsi séparés du reste du
monde par des barrières puissantes qu'il
leur était facile de défendre, quoiqu'elles
fussent très vastes, et qui leur permet-
taient de mépriser les vains efforts de
tous les tyrans coalisés, et aussi d'accor-
der protection et vengeance aux peuples
opprimés.

L'intérieur de cet immense bassin était
sillonné en tous sens d'une quantité innombrable d'accidens terrestres qui, par
leur ensemble admirablement harmonié,
en faisaient le séjour le plus sûr, le plus
agréable à l'œil, le plus favorable aux
développemens de l'intelligence, le plus
fertile en substances utiles à l'existence
de l'homme, le plus propre, en un mot,

à procurer à ses habitans toute la plénitude de la vie.

Outre les deux grandes chaînes de montagnes que j'ai citées déjà comme frontières, plusieurs autres chaînes moins élevées mais plus étendues, se dressaient sur divers points de cette vaste enceinte, et étendaient au loin leurs nombreuses et inégales ramifications.

Les montagnes, on le sait, jouent un rôle essentiel dans l'économie phénoménale qui s'opère sur la surface de la terre. Il semble que celles qui se trouvaient en Félicie, avaient été distribuées avec une admirable précision de calcul, selon les besoins des diverses contrées. Les sources innombrables qui en jaillissaient, recevaient, de la manière dont elles étaient disposées, une telle direction, que nul espace de terrain un peu considérable ne se trouvait privé d'eau ; condition indispensable pour qu'un pays puisse être habité par notre espèce.

Le voyageur, à chaque pas qu'il faisait, en parcourant ces belles contrées, trouvait un spectacle nouveau pour récréer ses yeux, et pour réveiller son intelligence. Jamais un point de vue indifférent ne se rencontrait sous son regard. Avait-il parcouru les vastes plaines du Nord, qui lui étaient apparues comme une riche conquête arrachée à la mer par la puissance du génie, il aimait à errer sur le penchant des collines riantes, dans les frais vallons qui se dessinaient délicieusement sur tous les autres points du territoire.

Mon but, dans ce chapitre, a été de préciser la position du pays qu'occupaient les Égaux, et de donner une idée claire de son étendue, ainsi que de son aspect général. Quant aux nombreuses variations qui se remarquaient dans la nature du sol, je ne m'en occuperai que dans le chapitre suivant, en traitant de la diversité des productions, qui en était une des conséquences.

CHAPITRE V.

Dissertation sur la variabilité du climat, selon la différence des saisons et des lieux; ainsi que sur la diversité des productions territoriales. Conséquences.

A voir la manière dont les hommes ont été *catégorisés* sur la terre, à considérer l'opiniâtreté des préjugés qui séparent les peuples, et la haine aveugle qu'ils se portent les uns aux autres, il semble que l'humanité se compose d'une {multitude infinie d'espèces farouches et *homophages*, qu'il a fallu parquer séparément et avec soin, dans la crainte qu'elles ne se combattissent incessamment, pour le seul plaisir de s'entredéchirer et de se dévorer ensuite. Cette croyance même doit être rangée au nombre des plus funestes et des plus difficiles à déraciner des préjugés qui les séparent.

Mais le sage, mais l'homme assez courageux et assez éclairé pour oser considérer attentivement ce triste et effrayant spectacle, reconnaît bientôt l'esprit impur qui souffla cette frénésie dans les cœurs, et la main scélérate qui s'empressa de dresser entre eux des barrières assez puissantes pour les mettre dans l'impossibilité de se comprendre, et trop faibles pour les empêcher de se nuire. Partout, dans cet horrible travail de désorganisation, se rencontre, sous son regard, l'ignoble empreinte du cachet de la tyrannie.

Cependant on ne doit point inférer de

là qu'il faille, tout d'un coup, et sans avoir
égard aux différentes conditions de sym-
pathie ou d'antipathie qui existent entre
eux actuellement, appeler tous les peuples au renversement de leurs frontières.
L'égoïsme national est un vice tout aussi
hideux, et beaucoup plus pernicieux à
l'espèce que l'égoïsme individuel, quoique dans tous les temps on ait décoré l'un
des plus beaux noms des qualifications
les plus imposantes, tandis que l'on s'est
toujours assez généralement entendu pour
flétrir l'autre; mais il ne faut point, quand
on veut en opérer la destruction, procé-
der, à l'égard du premier, de la même
manière que l'on procéderait à l'égard du
second.

Les intérêts du citoyen sont essentiel-
lement liés à ceux de la république. Il se
cause donc un préjudice réel lorsque, par
un esprit d'individualisme étroit, il ne
cherche à s'occuper que de lui-même, et
s'habitue à ne prendre nul souci de l'ad-

ministration de la chose publique. Que chacun suive son exemple, la cité ne tardera pas à se dissoudre, et la ruine de l'État entraînera celle de sa famille.

Si un peuple, au contraire, perd le sentiment de sa nationalité, avant que les peuples qui l'environnent et qui ont une très grande fréquence des rapports avec lui, ne soient imbus de ses principes, il sera sur-le-champ divisé, absorbé par eux, et il cessera à l'instant même d'exister. Loin d'avoir rempli une mission utile aux progrès de la science humanitaire, il contribuera, par sa chute, à augmenter l'audace de la tyrannie, et la timidité des esclaves, qui trembleront au seul souvenir de ses malheurs. Les Égaux comprirent parfaitement cette vérité ; nul peuple ne fit preuve d'une plus grande sagacité à cet égard.

Depuis long-temps leurs fréquentes relations avec les pays les plus lointains avaient introduit chez eux une foule de

besoins qui semblaient devoir leur inter-
dire à jamais la pensée d'interrompre,
même pour un temps fort limité, les rapports commerciaux à l'aide desquels seulement ils pouvaient se procurer les
choses nécessaires à la satisfaction de ses
besoins. Or, en arborant l'étendard de
l'égalité, ils brisaient d'un seul coup tous
les liens d'amitié ou d'intérêt qui les
avaient unis jusqu'alors aux peuples les
plus puissans; ils s'interdisaient toute
communication au dehors; l'usage de
toute production étrangère à leur sol
ou à leur industrie leur devenait impossible.

Ces considérations ne leur avaient point
échappé. Cependant elles ne furent pas
un seul instant un obstacle à l'accomplissement du grand acte qu'ils méditaient.
C'est que la science y avait pourvu; c'est
que, si la tyrannie procède par l'artifice,
l'égalité, au contraire, ne procède que
par le raisonnement. Ils avaient eu soin,

comme nous l'avons déjà vu, de se saisir des frontières que la nature leur assignait. De même, ils calculèrent avec précision les besoins dont le régime de l'égalité devait les délivrer, ainsi que les ressources qu'ils possédaient par eux-mêmes. Ils trouvèrent, pour résultat du problème proposé, qu'ils pouvaient se défendre et se suffire. La question fut dès lors résolue.

Outre que le régime égalitaire simplifie considérablement les moyens d'existence d'une nation, la Félicie, possédait par la fécondité de son sol, et par la diversité de son climat, une abondance et une variété de produits qui ne lui laissaient rien à craindre sur son avenir.

La température, partout modérée, bienfaisante et agréable, offrait cependant une assez grande différence d'une partie à l'autre du territoire, pour qu'une quantité de productions, récoltées dans

AVIS.

Les personnes qui, après avoir lu ce numéro, désireront avoir la suite de l'ouvrage, sont priées de réclamer les numéros suivans aux époques auxquelles ils doivent paraître; ou bien de faire connaître leur adresse aux bureaux.

Chaque numéro leur sera, dans ce dernier cas, envoyé sans retard et sans frais.

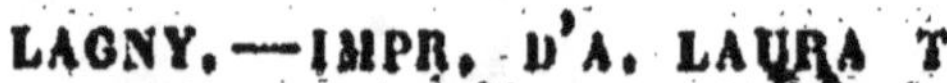

LAGNY. — IMPR. D'A. LAURA T.